그리움은 시가 되어

이민호 시집

교음사

시인의 말

그리움이 깊은 날이면
잠이 떠돌았다

그리고
진한 그리움들이
눈물처럼 차올랐다

설레고
기다리고
아파하고
그리워했던 지난날들은
문득문득 환영이 되어 서성이기도 하고
꿈속에서 손짓했다

그 그리움들을
하나하나 꺼내 본다

2025년 5월에
사랑시인 有數 이민호

그리움은 시가 되어

· 차례

1. 어머니의 계절

그리움 … 17
가고파 … 18
우리 동네 … 20
아버지와 수제비 … 22
어머니의 계절 … 23
누이 … 24
다짐 … 25
어머니 … 26
보리 식빵 … 28
아내 … 29
뚱보할매김밥 … 30
시냇물 … 31
절정 … 32
순간들 … 33
새벽 … 34
선물 … 36

2. 봄이 오면

3월이 오면 … 39
4월의 꽃 … 40
봄비 … 41
봄 처녀 … 42
꽃비 … 43
꽃눈 … 44
5월 … 45
꽃 2 … 46
고추잠자리 … 47
그대가 좋은 이유 … 48
물 … 49
애인 있나요 … 50
적막 … 51
문자의 세상 … 52
파도 1 … 53
파도 2 … 54

3. 그리움에 피는 꽃

철쭉 … 57
작약꽃 … 58
진달래꽃 … 59
장미 … 60
겨울 매화 … 61
능소화 … 62
도라지꽃 … 63
패랭이꽃 … 64
루드베키아 … 65
민들레꽃 … 66
할미꽃 … 67
문주란꽃 … 68
이팝나무 … 69
자목련 … 70
개나리꽃 … 71
바람꽃 … 72
홍매화 … 73
명자꽃 … 74
민들레꽃 2 … 75

단풍 … 76
매화 연정 … 77
백일홍 … 78
상사화 … 79
백서향 … 80
갈마가지나무꽃 … 81
동백꽃 … 82
복수초 … 83
제비꽃 … 84

4. 사랑의 노래

그대는 … 87
그대의 사랑이었다면 … 88
그리움 … 89
어떤 사랑 … 90
사랑으로 핀 꽃 … 91
사랑은 예쁘다 2 … 92
사랑 AS … 93
그녀가 뿔났다 2 … 94
사랑 노래 … 95
울음 … 96
연애 … 97
사랑하면 … 98
연가 3 … 99
소문 … 100
바람 부는 날 … 101
짝사랑 … 102
사랑꽃 … 103
이별, 다리를 건너다 … 104
그녀 … 105
이민호의 사랑 읽기
　만남과 이별의 방식(4) … 106

1

어머니의 계절

꽃잎을 하나둘씩 열며 피어나는 아카시아꽃을 볼 때면
고향의 언덕이 생각납니다
어릴 적 따뜻하고 소중한 것들 그리운 정들이 아련하게
떠오릅니다

그리움

언덕 위 감나무가 서 있는 마당에 서성이는 아버지
이제나저제나 오려나 때론 까치발로 담장 너머 바라보며
그 기다림에 지쳐 먼 하늘 올려다보고 헛기침하시곤 했다

마을 입구에 우리가 탄 차가 보이면 언제 그랬냐는 듯
방으로 들어가시고
대문 열고 달려 나와 반갑게 맞아 주신 어머니는
얼른 인사드리라. 등 떠미셨다

대문 앞 버드나무 아래 강구 바라보며 아버지 앉아 계
시던 나무 의자에 지난밤 부는 바람에 낙엽이 수북하게
쌓였습니다

표정 없이 무뚝뚝하셨지만 언제나 내 편이셨던 아버지,
오늘은 언제나 날 기다리던 마당에 서서
밀려드는 그리움에 빠져듭니다

가고파

나 돌아가리
내 고향으로 돌아가리

이른 아침 눈을 뜨면
강구 안 해무 가득 피어올라
남쪽 작은 창을 감싸면
바닷새 물 위로 날며 울고
여객선 뱃고동 소리 정겨운
그리운 그곳

눈부신 정오 햇살이
동호 강구 위에 알알이 내리면
은빛 가득한
바다에 뛰어들어
동무들과 물장구치며 놀았던 그곳

남쪽 바다로 가는 여객선이 드나들던 강구안
낮은 지붕들이 옹기종기 모여 있는 구름 속 산동네
한산 바다가 내려다보이는 남망산 공원
구름다리 아래 꿈처럼 펼쳐진 나폴리
백두산 교실 계단을 오르며 꿈을 키웠던 학교

봄이면 산딸기 버찌 따 먹으며
아카시아꽃 향기 속에 숨바꼭질하던
그리운 얼굴들
두고 온 정 못 잊어
내 고향 통영으로 나돌아가고파

우리 동네

문화동 우체국 길을 건너 강구를 따라
중앙시장 앞을 지나 동사무소에서 오른쪽으로 가면
공원 입구 골목 앞 목조로 지은 이층집
아홉 식구 살던 우리 집
늘 대문을 열어 놓아
동네 사람들 우물물 길어가고
마당 감나무에 감이 주렁주렁 열릴 때면
옆집 아이 어른 모두 감 서리해 가던
우리 동네
손 큰 어머니 이 씨 종손 맏며느리답게
아버지 생일 때나 제삿날 음식 장만 넉넉하게 해서
이웃집 나눠 먹던 시절
이웃집 부부 싸움은
우리 엄마가 말리고
우리 집 싸움은
친구 엄마가 말리고 오고
차비 없으면 빌리러 오고
연탄불 꺼지면 밑불 얻으러 오고
추석이면 멍석 깔고 집 마당에 모여 앉은 사람들
버찌 술에 노래잔치 열어 흥에 겨웠던
늘 즐거웠던 골목 안

정겹던 사람들 모두 옛 추억이 되고만
아늑한 기억

아버지와 수제비

아버지는 수제비를 싫어하셨다
수제비를 하는 날 어머니는 오가리솥에 따로 밥을 지으셨다

아버지는 밀가루로 만든 빵과 국수를 먹지 않으셨다 청년 시절에 큰 병을 앓으시고 난 후부터 소화가 잘되지 않는 음식을 드시지 못하셨다

어머니의 수제비는 정말 맛있었다 찹쌀과 멥쌀 홍합과 바지락 미역과 새우를 넣고 끓인 그 맛은 세상에서 가장 맛있는 수제비였다

다른 집 아이처럼 아버지 손을 잡고 자장면 한 그릇 사 먹으러 간 적 없는 어린 시절, 나에게 살며시 곰보빵을 내미시던 그때는 알지 못했던 아버지의 사랑. 아버지와 수제비

어머니의 계절

새벽 찬바람을 안고
밭에서 키운 채소 머리에 이고 지고
비포장 해안 길을 따라 장에 가신 어머니
추운 겨울날 시장 바닥에서 온종일 발 동동 구르던
어머니의 계절이 흘러갑니다

외롭고 괴로울 때 생각나는 어머니,
거친 세상 내 앞길 등불이 되어 주신
나는 꽃이 아니라 짐이었습니다
어머니를 생각하면 눈물이 납니다

오늘도 계절이 흘러갑니다
그리움이 변하여 서러울 때면
미안하고 또 미안해서
가슴이 시려옵니다
언제나 따뜻한 손으로 내 등 쓸어내리며
힘든 세상 위로가 되어 주던
어머니의 계절이 또 말없이 흘러갑니다

누이

네 살 어린 동생을 업고 시장에서 채소 파는 엄마 젖
먹이러 비포장길을 하루 세 번 다니던 둘째 누이
초등학교 입학식 때 엄마 대신 손을 잡고 학교에 가고
밑으로 여덟 살 터울인 동생도 업어 키웠던 엄마 같은 누이
큰누이는 고등학교 때 서울로 유학 가고
동생 셋 돌보느라 대학도 가지 못했던
생각하면 너무나 미안한 사람
간호사가 꿈이었던 그 시절을 눈물로 보내고
간호 학원에 다녀 개인병원에 취직해 받은 월급으로 내
용돈을 살갑게 손에 쥐여 주던 누나
스물한 살 때 시집가
아들 낳고 딸 낳고
한약방 하는 남편 벌어주는 돈으로 편한 살림 마다하고
시장에서 옷 가게 하며
아들을 어엿한 한의사로 길러낸
억척같은 삶을 산 보기 드문 여성상의 본보기가 된 누이
병으로 쓰러진 아버지, 누구보다 먼저 친정에 달려와
병시중하던
세상의 모든 누나를 따뜻한 별로 만든
나의 누나

다짐

바람 부는 해안 길 걸어
객지로 떠나올 때

저만치
손 흔드는
어머니 애타는 모습

저 눈물이 있는 한
내 어찌 헛되어 살리
다짐했던
열일곱 소년

어머니

조건 없는 사랑으로
다 퍼준 가슴에 여윈 바람만 남아
두 손 모아 간절한 기도가
자식의 행복과 희망이 되어
해바라기꽃처럼 미소 짓는 어머니

물기 마른 얼굴에
잃어버린 세월이
얼굴에 주름으로 쌓여만 가고
자식 향한 일념에

열심히 해라
노력하면 안 되는 일 없다
사랑으로 건네준 다정한 음성이
가슴속 뜨겁게 흐릅니다

어머니!
부르기만 해도
가슴 가득 차오르는
사무친 그리움

어머니 살이 내 살이 되고
어머니 사랑이 내 사랑이 되어
마음을 단장하고
어머니 샘물 같은 사랑

민들레 홀씨 되어 온 세상에
뿌리고 싶습니다

보리 식빵

아내는 매주 토요일이면 어김없이 제과점에서 빵을 사 온다
바스락거리며 아내 손에 들려온 봉지 속에는
곰보빵 단팥빵 도넛 호밀빵이 들어 있다
아들은 아침을 먹고 나서도 빵을 먹고
간식 때도 맛있게 빵을 먹는다

초등학교 시절
집안 형편 어려워 점심 가져오지 못한 짝지
급식으로 준 우유와 시커먼 보리 식빵 먹는 모습
맛있게 보여
하얀 쌀밥 위에 달걀부침 얹은 도시락
바꿔 먹던 생각이 난다

빵 맛있게 먹은 아이
호밀빵은 손도 대지 않고 내 몫으로 남겨 놓았다
옛날 기억 떠올리며
한 입 베문 식빵
유난히 검은 피부에 동그란 눈에 말이 없었던
그 아이가 생각이 난다

아내

오랜만에
야윈 손 잡고서

강변 산책길 나서보니
아내 걸음 더디다

당신은
내가 모르는 사이에
삶의 고개를
혼자 많이 넘었구나

뚱보할매김밥

전국 어디 가도
충무김밥집이 있다

옛날 큰 대야를 이고
뱃사람들에게 김밥을 팔러 다녔던
뚱보할매

전국에 소문이 나자
너도나도 충무김밥 이름을 걸고
자기가 원조라고 우겼다

뚱보할매가 두 딸과 함께
김밥을 말아 팔았던 금성호 뱃머리

이제 뚱보할매는 돌아가시고
문화마당으로 변한 그 앞에
작은 며느리가 할매 손맛을 이어가고 있다

시냇물

어머니 배 속 태아를 보듬었던
소리를 닮았을까
몸을 구부리고 발을 담그고 싶다

속이 훤히 드러나는 바닥
반들반들 거울 같은
미끈한 웃음이 만져진다

재잘대다가 까르르 터지던
누이의 웃음소리
바닥에서 팔짝 튀어 올랐다가
빠르게 헤엄쳐 간다
물고기 떼처럼

어린 추억의 시간들이
파랗게 일어나고 있다

절정

k와 오랜만에 갯내음 물씬거리는 노량진 수산시장 이층에
앉아 뜨거운 찜기에서 막 쪄 나온 킹크랩을 먹는다
열 한 조각으로 나눈 몸
하얀 속살을 입안으로 가져가며
저 깊은 알래스카 심해를 떠올린다

내 아버지
한겨울이면 시장에서 털게를 사 와
우리가 잠든 밤 솥에 쪄서
어머니와 몰래 드시던
어릴 적 생각이 난다

저 110도 찜기에서 찐 게의 맛은 달큼하지만
내 절정의 끝은 어떤 맛이 될까 궁금하다

순간들

날짜를 본다
한 달이 훌쩍 또 갔다
검고 파란 숫자로 새겨진 날들과
붉은 숫자로 새겨진 날들이 갔다

의미 있고 의미 없는 날들
가슴 설레고 가슴 아파하던 날들
즐거웠던 날들과 행복했던 날들도
슬퍼하거나 외로운 날들도 모두 갔다

영원히 다시 오지 않을 시간이
정말로 가버렸다
세월의 한 장을 찢는다
짧고도 긴 순간들이 찌-익 찢어진다

새벽

어둠의 하늘 위
불그스레 두른 햇귀 휘날리며 오는
푸른 새벽을 보았네

몽정하며 지새운 밤이
타오르는 욕정을 이기지 못하고
이 고요를 탐하고 나면
깊은 장막에 갇혀 있던 빌딩 숲들과
그 숲으로부터 뛰쳐나오는 온갖 삶들이
하늘의 자궁 문을 열고
양수처럼 터져 흐르는 시간
어두운 적막 가득한 도시는
저 시린 강물로 몸을 씻고
그 강물을 거슬러 오르며
희뿌연 새벽안개가
아득히 번지고 있었네

밤새 내려놓은 한숨들이
하얗게 일어서는 새벽
강 안개를 밀어내는 바람이
고단한 삶에 지친 사람들의 오늘

또다시 부활하는
작은 꿈들을 일으켜 주면
어제도 건넜던 강 위로 걸린 저 다리를
가쁜 숨을 몰아쉬며 건너가고 있는
아침의 희망들

선물

내가 받은
가장 큰 선물은
오늘입니다

오늘 받은 선물 중에서도
가장 행복한 선물은
당신입니다

다정한 목소리
웃음 띤 얼굴
나지막이 부르는 당신의 노래는
세상 전부를 얻는 기쁨입니다

2

봄이 오면

봄이 오는 소리는 메마른 세상 적시는 축복의 선물
그대와 함께 맞는 봄은 희망으로 가득 찬 노래입니다

3월이 오면

꽃이 언제 필까
기다리지 않아도

마른 가지를 적시는
봄비를 기다리지 않아도

창가에 번지는 그리움이
축축이 적셔오는

3월이 오면
가만히 있어도
가슴이 뛴다

4월의 꽃

봄을 장식하는
대지에 꽃의 향연
향기로운 여인이 찾아온 설렘입니다

사월은 아름다운 유혹에 빠지고 마는
꽃의 계절입니다

햇살 가득한 낮에도
별이 총총한 밤에도
꽃답게 피어난
연둣빛 물결과 향기로운 세상을
그대에게 선물로 바칩니다

봄비

초록이 내린다

꽃을 피우지 않으면 건너갈 수 없는 계절이
그리움의 비를 뿌린다
어둡고 딱딱했던 날들은 저만치 가고
그리움이 진하게 물드는 날들이 앞에 선다

타닥타닥
마른 나무 두드리는 소리
통당 통당
처마 끝 낙숫물 소리

말없이 왔다가 멀어져 가는 계절 속에
지난 추억이 푸르게 물드는 날
진한 그리움을 몰고 온 비가 내린다
한 계절 묻어 두었던 시간들을
메마른 대지 위에 쏟아낸다

봄 처녀

소녀가 벚나무 아래에서 사진을 찍는다

연분홍 얼굴에
연분홍 드레스 입고

봄바람 나뭇가지 흔들어
꽃잎 하늘하늘 내려주고

푸른 하늘 도화지에
온통 꽃잎 띄워
누가 꽃인지
소녀인지

꽃비

벚꽃나무 둘레가 가장 환했던 날
너무 가벼워 무게를 가질 수 없던 꽃잎이
허공에서 내려오는 시간

나무 아래로 방울방울 스며드는 분홍 꽃잎들
태어난 날 죽음을 맞는 하루살이를 위해
수은등에 불이 들어왔고
아무 곳도 가 닿을 수 없는 그 순간

남쪽 강을 건너온 바람이
푸른 하늘 뭉게구름 그려져 있는
벽화 너머로 들어와
만개한 벚나무 가지를 만지는 순간
허공에 연분홍 꽃잎이 하늘을 날았다
수만 개의 꽃잎으로 허공은 **빽빽했다**

꽃눈

긴 겨울의 강을 건너
햇살 한 줌
바람 한 자락
가슴에 안고 왔어요

수줍어
입가에 번져 나오는 웃음
감추지 못해

봉긋 입술을 오므리고
하늘을 올려 본답니다

5월

강 위를 훑고 지나가는 바람 소리에
구름문 열고 쏟아진 햇살

섬세한 향기로
날줄 씨줄 대지 위에 엮더니
넉넉한 품에 어린 깃털 곧추선다

비단 줄 타고 내린 꽃잎
해의 언어로 빛의 향연 꿈꾸며
대지의 사랑 품에 안은 온전한 눈길

장미 울타리 넘어 따스한 기운 차오르니
또다시 고향 찾아온 오월의 여인은
푸른 잎사귀에 앉아 햇살을 더듬네

꽃 2

길가에 피어도 꽃이고
숲속에 피어도 꽃이고
화분에 피어도 꽃이다

누가 바라보아주지 않아도
아무도 찾아주지 않는 곳에서
소리 없이 피어나도
너는 꽃이다

향기가 고와도
진하지 않아도

사랑받기를 원하지 않아도
누구에게나 사랑스러운 너는
변하지 않는 이름
꽃이다

고추잠자리

나의 그리움을 너의 날개에 달고 왔구나

남쪽 강을 따라 선선한 바람을 몰고 왔구나

길가에 붉게 핀 백일홍 사랑을 안고 왔구나

하늘 끝 닿을 담쟁이넝쿨의 소망을 너는 알고 있구나

그대가 좋은 이유

보고픈 사람 만나는 날
바람이 불어도
비가 내려도 좋은 것처럼

다정히 그대가 부르면
가슴에 설렘이 일고

나를 향해 웃으면
하루는 구름처럼 가벼워진다

어떤 말로도 다 못 채울
그대라서 좋은

봄이 와서 꽃이 만발하듯
늘 따뜻한 그대가 좋다

물

물과 물이 몸을 섞는다
완전한 합일(合一)
하나임을 느끼며
몸 전체로 하나가 된다

확인은 사랑의 병
물은 확인하지 않는다
헤어지면서도 물은
하나임을 느끼며
몸 전체로 하나가 된다

비단결보다
부드러운 포옹
비움의 지혜
자연의 순리가
스며들어 하나가 되는
물은
완전체이다

애인 있나요

가슴에 묻어둔 사랑이 있나요

마음에 그리는 사람이 있나요

어느 날 운명처럼 다가온 사랑
전율이 진하게 느껴지는 사랑을 아시나요

첫 만남 그 순간 심장이 멈출 것 같은
그런 아찔함을 아시나요

가슴 한쪽에 들어온
사랑할 수밖에 없는
그 사람을

적막

멜로드라마 열중하다가 갑자기 쏟아지는 소나기에 비가 들이치는 창문 닫고 돌아서는 순간 요란하게 천둥치는 소리와 함께 브라운관 빛 한 줄기 점처럼 남기고 꺼져 버리고 나자 아무도 없는 집안 가득 적막함만 흐른다
집안 이곳저곳 살펴보아도 다른 것들은 아무 이상도 없다
거실에 앉아 책을 읽는다
그것도 잠시, 무료함이 엄습해온다

오늘 밤은 무얼 하며 시간을 보내지?
오랜만에 친구 집이나 가 볼까?
둘이 만나 술이나 한잔할까?

주말 연속극을 꼭 봐야 하는데 옛사랑과 닮은 드라마 주인공 모습 보며 추억에 빠져야 하는데 바깥엔 장대비 쏟아지지만 누군가가 나를 불러주면 맨발로도 뛰어나갈 텐데

울리지 않는 전화
고장 난 것이 아닌지 자꾸 들여다본다

문자의 세상

- 오빠 지금 한가하지?
나 지금 시간 많아 궁금하면 놀러와

핸드폰의 액정 화면 속으로
문자가 들어왔다
문자를 눌러볼 시간은 많았지만
문자에게 뭐라고 답해야 할지 난감했다
문자의 벗은 몸이 보고 싶었지만
문자에게 쉽게 속을 보이는 것 같았다
문자의 눈치를 적당히 보다가
문자를 살며시 눌러보았다
문자가 나긋나긋하게 속삭였다
문자를 보긴 했지만
문자가 누구인지 모르므로
문자의 말을 무시해버렸다
문자는 날마다 찾아왔다
문자가 내 속도를 노크할 때마다 겁이 덜컥 났다
문자에게 목덜미를 잡힌 것 같았다
문자 때문에 머리가 빙빙 돌 것 같았다
문자의 세상으로 들어가
뜨거운 것이 뭔지 확인하고 싶었다

파도 1

그대의 향한 일념으로 다가간다

바람이 잠 들은
깊은 밤에도

태양이 이글거리는
한낮에도

뜨거운 정열
바위에 부딪혀
온몸이 산산이 부서지고
닳고 닳아 무너져 버린 몸체에는
하얗게 반짝이는 광채가 있다

파도 2

섬 하나 만나고 싶어 몸부림친다

모래알처럼 많은 이름 만났지만
제 가슴 속에 품은
섬 하나 잊지 못해 저렇게 정처 없이 헤매는 것이다

부딪쳐 깨어지고 철썩이다 물거품으로 사라진다 해도
꼭 한 번 그 기슭에 가 닿고 싶은 것이다

이리 밀려갔다 저리 쓸려가도
젖은 눈 젖은 얼굴로 밤에도 잠 못 드는 파도
그 섬 하나 만나지 못해 저리 뒤척이는 것이다

3

그리움에 피는 꽃

눈부심으로 빚어 놓은 꽃들이 바람을 타고 나붓거리면
진한 그리움을 한 조각, 한 조각 빚어 구름에 실어봅니다

철쭉

푸른 오월 하늘

눈이 부신 햇살 입 맞춘 자리

빨갛게 물들인 사랑

가슴 터질 듯 뜨겁다

작약꽃

라일락의 매혹적인
진한 향기도 없고

다알리아처럼
화려한 매력도 없지만

더없이 순수한
그대가 좋아요

진달래꽃

봄 처녀 연분홍 치마
앞동산에 사뿐히 펼쳤네

고운 살빛
고운 향기

매혹적인 아름다움에
온 골짜기가 환하네

장미

향기 짙은 입술에 붉은 옷 차려입고
푸른 오월을 압도하는 장미

회색빛 담장 너머
열정의 몸짓으로 요염을 발한다

밤마다 피워 올린
꽃송이마다 진한 향기 머금고

지나치는 한 줌의 바람에
온몸 나부끼며 춤춘다

겨울 매화

강 언덕 양지바른 곳
매운 추위에도 아랑곳없이
몽글몽글 몽리를 달고서
꽃을 피우는 매화

이제나저제나 오려나
임을 향한 그리움에
정녕 봄은 멀기만 하여도

하늘 향해 꽃을 피워 올리고
눈보라가 몰아치는 계절 끝에서도
당당함을 지녔네

능소화

담장 밖 고개 내밀어
님 오는 길 하염없이

밤이면 불러보는
그리운 내 님이여

애달픈 가슴
달래지 못해

문설주 울타리에
눈물 가득 뿌렸네

도라지꽃

전생의 약속 지키려
님 계신 곳 찾아왔어요

바람 부는 언덕이라도
그늘진 산기슭 일지라도

님의 행복을 위해
이 몸 기꺼이 바치렵니다

패랭이꽃

님 오는 길마중 나왔나
가녀린 몸 흔들며

큰길 건널목 가로수 아래
하얀 고개 내밀었네

길 위 매운 먼지바람에도
꼿꼿한

그 순결한 사랑 앞에
한낮 뜨거운 태양도 비껴가네

루드베키아

뜨거운 긴 여름 속 타는 그리움은
젖은 마음 하얀 달빛에 여울지는데

영원한 행복을 꿈꾸는
기다림은 안타까워라

한낮의 몸을 뜨겁게 휘감는 바람
붉은 가슴을 두드리네

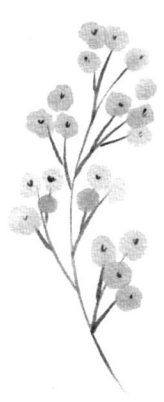

민들레꽃

봄 따라 찾아온 너를
반겨주는 이 아무도 없네

계단 틈 사이에
보도블록 사이에서
한 줌의 흙에 뿌리를 내린다

가냘픈 몸매에
하얀 얼굴을 내밀고
미소 짓는 너를
무심하게 짓밟고 지나가는 발길

매운바람을 뒤집어쓰고
뽑히고
밟혀도
버텨내며

보란 듯이 가녀린 모습으로
하얀 손을 흔든다

할미꽃

해가 솟아오르면 양지바른 곳을 찾아
꽃을 피우리라

온몸 분으로 치장하고
님 맞을 준비 하였건만

님 소식 오지 않고
달빛에 젖은 마음 애간장이 녹아내려

지난날 무얼 그리도 잘못했는지
슬피 우는 목소리 애절하다

문주란꽃

하얀 갈래꽃을 피운 너는
너무나 사랑스럽다

청순함보다는
순백함이 어울리는

여름날 피어나는 향기는
주위를 취하게 한다

너무나 매력적인
사랑의 꽃

이팝나무

하얀 눈꽃이 송이송이 피었다

하얀 천사의 미소
사르르 손짓하며
오월의 향기 물들인다

초록 물결 속
흰 드레스 입은 신부처럼
눈부신 꽃

푸른 오월을 장식한다

자목련

바람아 나 좀 쓰다듬어 주렴
나는 너무나도 님이 그리워
밤새 눈물 흘려 눈을 뜰 수가 없단다

내 가슴은 너무 부풀어
오래 머물지 못하고 이제 가야 한단다

나의 향기가 멀리 퍼질 수 있게
바람아 너 혼자 가지 말고
나 좀 데려가 주지 않겠니

개나리꽃

이른 봄볕에 흐드러진 개나리
노란색이 솟았다

가지에 나란히 나란히
조잘조잘 아기 꽃

화창한 날
사랑하는 그녀와 손잡고
구경 가면 참 좋겠네

바람꽃

산들바람이 내게 속삭이면
내 모든 것 그대에게 바치리

바람 끝에 매달린 마음
그대 곁에 닿지 못해
길을 앓고 헤매네

그대 느낄 수 있나요
남쪽 꽃향기는 마파람 타고 와서
산자락에 서성대는 모습을

저 높새바람이 유혹할지라도 나는
그대를 향한 길을 찾아 나설 겁니다

홍매화

강을 따라 찬 바람 불어오던 날
낮은 담장 너머 홍매화

붉은 꽃봉오리 살며시 맺더니
떨리는 손으로 꽃잎을
한 겹 한 겹씩 펼친다

가슴 고이 품었던
향기를 살며시 발끝에 내려놓고
님 기다리던 모습에

지나치던 바람
살며시 가지에 머문다

그 바람은 보았을까
그리움에 맺힌 눈물방울을

명자꽃

햇살 고운 한낮
마당 꽃밭 한쪽에서
수줍게 붉은 치마를 펼치며
그녀가 웃는다

화사한 모습
진한 향기에 취해

눈길 마주친 순간

메마른 내 가슴속에서
붉게 사랑이 피어난다

민들레꽃 2

정 주고 떠나려고 그랬나 봅니다

아무런 말도 없었기에
무슨 이유가 있었겠지 생각했습니다

이맘때면 홀씨 하나 날아들어
빈 가슴속에 그리움 내려앉았던 그 봄
꽃향기 불어오던 날

흔적만 남긴 꽃대에
정만 두고 바람에 흩어지는

홀씨를 속절없이 바라보는 내 마음을
그대는 알고 있는지

단풍

그 사람을 미련 없이 떠나보내는 것이

얼마나 아팠으면

저리도

붉게 물들어 갔을까

매화 연정

마파람이 흔들어
고운 옷 차려입고 나왔어요
가슴이 콩콩 뛰네요

님이 온 줄 몰랐어요
가슴이 온통 울렁거려도
그냥 그런 줄 알았어요

강 위로 뜬 둥근 새벽달이
내 얼굴 빤히 쳐다봐
이리도 얼굴이 붉어졌어요

그냥 봄이라서 그래요
님이 예쁘다고 말해 주니
부끄러운 마음 감출 수 없어요

백일홍

한 여름밤 한줄기 소나기
온몸을 적시고 지나간 후
가지 끝에 맺은 붉은 열정

마지막 한 자락 그리움을
진한 향기로 붉게 토하네

백날을 하루같이 기다리는 심정
그대 보고 싶은 내 맘 같아라

꽃 진 자리 찬 바람 불고
하얀 눈 소복이 쌓이면
빈 가지에도 그리움 하얗게 피어나겠지

상사화

님 향한 일편단심

소중히 간직한

연분홍빛 사랑

이 봄엔 이룰 수 있을까

백서향

저 멀리 있는 그대에게
고이 묻어 두었던
그리움의 편지를 씁니다

눈물겹도록 보고픈 마음을
한 줄 한 줄 써서
봄비에 떠나가는 백서향 향기에 실어 보냅니다

가만히 기도해 봅니다
간절한 내 사랑이 그대에게 전해지기를

갈마가지나무꽃

작은 바람이 가지에 스치자
발레리나가 발을 치켜세운다

빈 가지 끝에 걸린
하얀 속삭임

뜨거운 숨결이 지나간 자리
진한 향기만 남았다

동백꽃

깊은 겨울 속 봄을 부르며
찬바람 스치는 가지 끝

눈이 부신 홍조를 머금고
노오란 심장을 활짝 열며

바다 찬바람에 흔들려도 고개 숙이지 않는
붉은 너의 숨결은 긴 침묵 속에서도 뜨겁구나

한 장 한 장 펼치는 꽃잎에
담긴 슬픈 영혼의 노래

그 고요한 울림을 들려주며
겨울을 뜨겁게 품은 꽃이여!

복수초

아직 잔설 남은 산기슭

꽁꽁 얼었던 샛강도
바닥부터 조금씩 물길 열어 흐르고

눈과 얼음의 틈새를 뚫고
뜨거운 생명을 밀어 올려

노란 꽃방울 머금고 터트리며
산그늘 환하게 빛내는
너는
얼음새꽃

제비꽃

앙증맞게 피어난 너의 겸손함에 봄볕도 곁을 주고

제 몫을 다하여 봄들에 피어난 너는

온몸으로 진실한 사랑을 이야기 한다

4

사랑의 노래

내 가슴속에는 흐르는 강물이 있습니다
기쁨과 슬픔, 사랑과 미움, 때론 주체 못 할 그리움들이
마음의 강을 건넙니다

그대는

그대는
자상해서 좋고
다정해서 설렙니다

늘 미소로
부드러운 말로
내 마음을 따뜻하게 하는
그대

그대 곁에 언제까지나
머물고 싶습니다

그대는
영원한 내 사랑입니다

그대의 사랑이었다면

내가 나비였다면
내 사랑 가슴 위에 앉았을 텐데

내가 파랑새였다면
그대 창가에서 노래를 불렀을 텐데

내가 꽃이었다면
아침 이슬 머금은 향기로
그대를 적셔주었을 텐데

내가 그대의 사랑이었다면
끝없는 열정을 불태웠을 텐데

그리움

봄부터
붉게 타오르는
저 붉나무가

제아무리
붉다고 하여도

그대가
나에게 물들여 놓은
이내 가슴만큼 할까

어떤 사랑

너를 만나고
너를 생각하면 기분이 좋았어

지금은 너를 생각하면 마음이 아파와

너에게 말을 걸고
너의 얼굴을 보며 미소를 짓고
돌아서 가는 모습을 보며 또 만나기를 바랬지

널 보러 버스정류장에서
편의점 앞에서
기다렸지 매일

그렇게 기다리고 또 기다렸지만
혼자가 좋다는 너의 말에
난 너를 잊기로 했지

이제 널 그리워하면 할수록
마음이 아파온다
시작하지도 못했던 사랑이

사랑으로 핀 꽃

사랑!

확실한 떨림입니다

계절과 상관없이 피는 꽃입니다

한번

마음 화병에 꽂히면

영원히 시들지 않지요

사랑은 예쁘다 2

장미처럼 가시가 돋아나 있어도

달맞이꽃처럼 다소곳하지 않아도

수선화같이 청순하지 않아도

눈물 나게 미워도

제 눈에 안경이라서

사랑은 예쁘다

사랑 AS

사랑해 너를
언제까지나

힘들면 이야기해줘
행복하게 해 줄게

외로울 때나
슬플 때도
달려가서 위로해 줄게

언제나 AS 해 줄게
변함없이

그녀가 뿔났다 2

처음 만나 연애할 때는
잠시라도 목소리 못 들으면 안달이 나고
하루도 못 보면 죽을 것만 같다고 한
사랑,
함께 산 3년 동안은
꼭 끌어안아야 잠이 온다고 하고
눈만 마주치면
사랑한다고 말하더니
이젠,
그 사랑이 무뎌졌다
길을 걸어가도
손도 잡아주지 않고
딴 침대를 쓰고
사랑한다는 말 대신
마눌! 하며 부른다고
밥 알아서 챙겨 먹으라며
동창 만나러 간 아내
한밤중에도 문자, 전화도 감감

사랑 노래

밤새 꽃물이 든
사랑 노래가
시로 태어납니다

사랑하는 님의
미더운 정을 품고 잠들어
꽃눈 뜨는 아침

사랑한다는 말
마음에 향기처럼 배어

창을 비추는 아침 햇살처럼
가슴에 흐릅니다

울음

울음은 참아야 이긴다

사랑을 잃은 사람에게 말해 주었더니

울음을 참았더니
웃음이 났어요, 한다

사랑은 슬픔보다

기쁨이 더 컸다는 것을 알았다며

연애

내가 좋아한다고 하자
그녀도 나를 좋아한다고 한다

그러면서 사랑하는 건 아니니
연애는 좀 그렇고
부담 없이 언제든 전화하고
만나 밥 먹고
술도 마시자고 한다

연애의 중간쯤을
'썸'이라고 한다나
그건 서로 밀고 당기며 사귀는 건데
연애와 뭐가 다르지?

사랑하면

햇볕이 따뜻하면
세상이 따뜻해지고

내가 사랑하면
주위가 따뜻해지고

너와 내가 사랑하면
모두가 따뜻해진다

연가 3

당신을 만나서
살아온 시간
아름다운 날들은 꿈처럼 흘러갔지만
뜨겁게 사랑한 순간들은
내 가슴에 식지 않은 채로 남아있어요

긴 머리
갈색 입술
축축한 눈망울이 눈부시던 그날
첫눈에 반한
영혼의 울림은
점점 진하게 전해왔었지요

수많은 날이 흐르고
당신을 향한 사랑은
조금은 무뎌졌어도
그대 사랑하는 마음은 지금도 변함이 없어요

소문

언제부터 그랬는지 나에 대해서 모르는 게 없다. 언제 누구와 밥을 먹었는지 어느 호텔 찻집에서 차를 마셨는지, 훤히 꿰고 있다. 그 바람이 어디로 불지 몰라 노심초사하지만, 까짓거 무엇이 문제이랴. 오늘은 남쪽으로 가서 도다리쑥국을 먹고 내일은 서쪽으로 가서 휘황한 거리를 걸어볼까. 바람은 바람일 뿐 열심히 바람 속을 가른다. 내겐 날 만나기를 바라는 사람들이 있을 뿐이다. 내일은 어느 곳에서 그 바람들이 불어올지 궁금하다.

바람 부는 날
　- 어떤 사랑

그대가 그리운 날엔
지하철을 타고 당신에게로 갑니다

바람이 부는 날엔
캄캄한 어둠뿐인 길을
아무도 반겨 주지 않은 그 역으로
작은 불빛 하나 비추며 나는 갑니다

꽃잎이 떨어져 외로운 마음이 더욱 여울지는 날
사랑하는 것보다
사랑하지 않은 것이
더욱 괴로운 날에는
바람 부는 길을 따라
그대에게로 갑니다

짝사랑

장미가 제아무리 붉다 한들
내 마음보다 붉으랴

겹겹으로 쌓아 올린 꽃잎 속을
헤아릴 수 없는 마음

가슴속 간직한 진한 그리움을
붉은 매화는 순정으로 터트리지만

그저 바라볼 수밖에 없는
멍울진 가슴을

사랑꽃

세상의 어떤 꽃도
너보다 예쁠 수 없어

세상의 그 누구도
너보다 향기로울 수 없어

이 세상 어떤 사랑도
우리 사랑만큼 아름다울 수 없어

세상에서 단 하나뿐인
너는 나의
사 랑 꽃

이별, 다리를 건너다

석양빛에 젖은 다리 위로 걸어가는
그녀 모습 뒤를 강바람이 일렁거리며 달려갔다

강물은 말없이 흐르고
손에 쥔 마지막 인사도
마음속 많은 말 한 조각도
소리없이 발아래로 흘러내렸다

너는 저만치 어둠의 경계로 멀어져 갔다

내 안의 계절 하나가 한순간 떠나갔다
한때 눈부신 희망이었던 사랑은
다신 되돌아오지 않을
그 숨결의 깊은 떨림을 남기고 갔다

그녀

다시는 볼 수가 없었다
적당한 키에 맑은 눈동자
나지막한 목소리의 그녀는 어디로 갔을까

짧은 머리에 화장기 없는 얼굴
단아한 걸음으로 다가와 다정하더니
이 도시를 떠나 다른 곳으로 갔다는 소문

거리마다 꽃이 피고
밤하늘에 새벽 별이 빛나도
순정을 바친 사랑 상처가 너무 커

지독한 사랑은
끝내 맺지 못하고
눈물의 강이 되어버렸나

아픔으로 멍이 든 붉은 동백처럼
아득한 봄날 안개 피어오르는 강 위에
여백을 남긴 채 떠난 그녀
외로운 영혼을 달래며 살기로 했는지

만남과 이별의 방식(4)

 그 남자는 오늘도 그녀 주위를 맴돕니다. 그녀가 이별을 통보한 지도 한 달이 지났습니다. 남자는 그녀를 잊으려고 하면 할수록 함께 했던 지난 일들이 떠올라 전전긍긍하며 하루를 보냅니다. 하루 종일 일을 하고 집으로 가는 길에 그녀가 일하고 있는 빵집 주변에서 그녀를 먼발치에서 하염없이 바라보다 무거운 발길을 옮깁니다.

 그 남자는 홀아버지 밑에서 자라나 고등학교를 중퇴하고 변변한 직업을 구하지 못해 주유원, 편의점, 건설일용노동자로 일하다가 얼마 전 물류회사 지역 택배기사로 일하게 되었습니다.

 새벽 6시면 일어나 물류 집화장으로 가서 자신이 배달할 택배 상자를 트럭에 싣고 밤 늦게까지 일을 하였습니다. 그러던 어느 날 택배 배달을 하러 갔다가 그녀를 보았습니다. 그녀는 동네 입구에서 아버지와 함께 작은 빵집을 하고 있었습니다. 그 남자는 상냥한 말투와 청순한 외모의 그녀에게 첫눈에 빠져들었습니다.

 남자는 다음 날부터 하루가 멀다고 일을 마치고 집으로 가는 길에 그녀 가게에 빵을 사러 갔습니다. 그렇게 하루가 가고, 일주일이 가고, 한 달이 지나자 그녀가 먼저 말을 걸

이민호의 사랑 읽기

어왔습니다. 남자는 뛰는 가슴을 안고 자신의 현재 처지와 살아온 과거를 모두 이야기했습니다.

그녀는 남자를 그윽이 바라보며 "사귀어볼래요. 우리."라고 말하였습니다. 남자는 벅찬 가슴을 안고 돌아와 잠을 이룰 수가 없었습니다. 그렇게 그녀와 일요일이면 영화도 보고 맛집을 찾아 다니며 사랑을 키워 갔습니다.

남자는 그녀와 약속했습니다. '자기가 오랫동안 꿈꿔 왔던 가수에 대한 열망을 꼭 이루어 내겠노라.' 다짐했습니다. 택배 일도 더 열심히 하고 음악 학원에 다니며 경연 오디션에 참가하며 꿈을 향해 노력했습니다.

그녀와 만난 지 육 개월이 접어드는 어느 날 저녁에 가게로 들러달라는 그녀의 전화를 받고 빵집으로 갔습니다. 가게 안은 아무도 없고 그녀와 아버지 둘뿐이었습니다. 그녀 아버지는 남자의 인사도 받지 않고 대뜸 "헤어져라. 나는 딸을 아무에게나 줄 수 없다."라고 말을 하고는 밖으로 나가 버렸습니다.

남자는 다음 날 아침 일찍 그녀 아버지를 찾아갔지만 단호한 말에 눈물을 머금고 돌아왔습니다. 그녀는 우린 절대 헤어지지 말자며 아버지를 설득할 테니 참고 기다려달라고 하였습니다.

그렇게 '우리 사랑은 변함없다.'라고 말을 했던 그녀가 부모의 말을 거역할 수 없다며 이별 통보를 해 온 것입니다. 남자는 청천벽력 같은 말에 몇 번이고 물어봤지만, 그녀 대답은 한결같았습니다.

한때 너무나 사랑했던 사람과 이별하고 외로움과 실연의 아픔으로 지난 시절 모든 것들이 원망스럽기만 했습니다. 가난한 집안에 태어나 학교도 제대로 못 다니고 돈도 없고 변변한 직업도 없는 못난 자신을 원망하며 실의에 빠졌습니다.

지금 우리 사회는 물질 만능주의가 만연해 인간의 순수성과 됨됨이보다는 학력과 재력 직업을 우선시하여 눈앞의 조건만 보고 배우자를 선택하는 세상이 되고 말았습니다.

사랑은 조건이 아니라 선택입니다. 예전의 세대는 부모가 정해준 배우자를 만나 애정도 없는 결혼을 하고, 자식을 낳아 정을 붙이고 살면서 사랑의 진한 감정을 주고받지 못한 생활을 하였습니다. 그렇게 인생관을 억누른 채 맹목적인 사랑을 강요받고 살다가 황혼 이혼을 하는 일이 빈번해졌습니다.

이민호의 사랑 읽기

　진정한 사랑이란 남녀가 만나 소통하면서 사랑을 시작하고 그 사랑을 위해 꿈과 희망, 행복을 위해 함께 노력해 나아가는 것입니다.
　인간의 순수 서정이 말라버린 세상, 남녀의 진정한 사랑이 갖는 의미는 무엇인지 깊이 생각해 보아야 할 때입니다.

이민호 시집
그리움은 시가 되어

2025년 5월 5일 초판 인쇄
2025년 5월 10일 초판 발행

지은이 / 이민호
발행인 / 강병욱

발행처 / 도서출판 교음사

03147 서울 종로구 삼일대로 457 수운회관 1308호
Tel (02) 737-7081, 739-7879(Fax)
e-mail / gyoeum@daum.net
등록 / 제2007-000052호

* 잘못된 책은 바꾸어 드립니다. 값 10,000 원

 ISBN 978-89-7814-433-9 03810

후원

 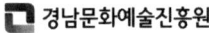

- 이 도서는 경남문화예술진흥원의 문화예술지원을 보조받아 발간되었습니다.

- 이 책 내용의 전부 또는 일부를 재사용하려면 저작권자와 교음사의 동의를
  받아야 합니다, 지은이와의 협의 하에 인지는 생략합니다.